BEI GRIN MACHT SICH IHR WISSEN BEZAHLT

Christin Carina Könemann

Aus der Reihe: e-fellows.net stipendiaten-wissen

e-fellows.net (Hrsg.)

Band 625

Konfliktmanagement in Theorie und Praxis

Ein Überblick

GRIN Verlag

Bibliografische Information der Deutschen Nationalbibliothek:

Die Deutsche Bibliothek verzeichnet diese Publikation in der Deutschen National-
bibliografie; detaillierte bibliografische Daten sind im Internet über http://dnb.d-
nb.de/ abrufbar.

Impressum:

Copyright © 2012 GRIN Verlag GmbH
Druck und Bindung: Books on Demand GmbH, Norderstedt Germany
ISBN: 978-3-656-35863-3

Dieses Buch bei GRIN:

http://www.grin.com/de/e-book/208382/konfliktmanagement-in-theorie-und-praxis

GRIN - Your knowledge has value

Der GRIN Verlag publiziert seit 1998 wissenschaftliche Arbeiten von Studenten, Hochschullehrern und anderen Akademikern als eBook und gedrucktes Buch. Die Verlagswebsite www.grin.com ist die ideale Plattform zur Veröffentlichung von Hausarbeiten, Abschlussarbeiten, wissenschaftlichen Aufsätzen, Dissertationen und Fachbüchern.

Konfliktmanagement

Von: Christin Carina Könemann

Inhaltsverzeichnis

1   Einleitung

Konflikte gehören zum Alltag. Überall dort wo Menschen zusammen leben oder arbeiten können Meinungsverschiedenheiten auftreten und zu Auseinandersetzungen führen. Konflikte sind, auf lange Zeit gesehen, unvermeidbar.[1] Auch am Arbeitsplatz können Konflikte nicht vermieden werden. Wenn im Wirtschaftleben mehrere Menschen zusammen agieren und versuchen ein gemeinsames Ziel zu erreichen wird es immer Reibungspunkte geben, die zu einer Konfliktsituation führen können.[2] Untersuchungen haben ergeben, dass Konflikte nahezu ein Drittel der Leistungsfähigkeit der Mitarbeiter verbrauchen.[3] Sie kosten das Unternehmen Arbeitszeit und somit Geld und stellen ein Problem dar, das gelöst werden muss.[4] Das Konfliktmanagement gewinnt für Unternehmen daher immer mehr an Bedeutung, denn in ihm steckt sehr viel ungenutztes Potential. Mit einem effektiven Konfliktmanagement können sowohl direkte Kosten, wie langwierige Projektverzögerungen, als auch indirekte Kosten, wie die sinkende Motivation der Mitarbeiter, eingespart werden.[5]

Das Konfliktmanagement ist ein großes Forschungsgebiet, das sich mit vielen Aspekten rund um Konflikte beschäftigt. Diese Arbeit behandelt hauptsächlich einen Teilbereich, die Konfliktbewältigung. Andere Bereiche zu diesem Thema werden nicht näher untersucht. In dieser Arbeit wird die Forschungsfrage beantwortet, wie berufliche Konflikte bewältigt werden können. Dazu werden zunächst der Begriff der Konfliktes und des Konfliktmanagements kurz definiert, um ein einheitliches Verständnis zu schaffen. Im nächsten Schritt wird in der Theorie nach verschiedenen Ansätzen gesucht, wie man bei der Bewältigung von Konflikten vorgehen kann. Dazu werden zwei unterschiedliche Methoden vorgestellt und miteinander verglichen. Im Anschluss wird das tatsächliche Vorgehen in der Praxis untersucht. An einem Beispiel-Unternehmen wird aufgezeigt, welche Konflikte am Arbeitsplatz entstehen können und welche Methode bei der Konfliktbewältigung angewendet wird. Dazu wird die Vorgehensweise im

---

[1] Vgl. Kellner: Projekte konfliktfrei führen, 1996, S. 23.
[2] Vgl. Proksch: Konfliktmanagement, 2010, S. 4.
[3] Vgl. Brommer: Konfliktmanagement, 1994, S. 9 f.
[4] Vgl. Proksch: Konfliktmanagement, 2010, S. 7.
[5] Vgl. Schwarz: Konfliktmanagement, 2010, S. 326 f.

Unternehmen näher dargestellt. In einem abschließenden Vergleich werden Theorie und Praxis gegenübergestellt und mögliche Parallelen herausgearbeitet.

2   Konfliktlösung in der Theorie

Bevor das Thema Konfliktbewältigung in der Praxis untersucht wird, muss zunächst ein Blick auf die Theorie geworfen werden. Viele Autoren haben sich mit Konflikten allgemein und Konfliktmanagement im speziellen beschäftigt. Im Nachfolgenden werden die beiden Begriffe kurz definiert, um anschließend zwei Methoden der Konfliktbewältigung vorzustellen.

2.1   Konflikte

Der Konfliktbegriff wurde in vielen Disziplinen der Wissenschaft intensiv behandelt. Daraus haben sich zahlreiche Definitionen des Begriffs entwickelt. Für die weitere Bearbeitung des Themas wird eine dieser Definitionen aufgegriffen, um ein einheitliches Verständnis zu schaffen. In dieser Arbeit wird ein Konflikt definiert als „Kampf gegensätzlicher oder gleichartiger, aber konkurrierender, Handlungstendenzen"[6]. Dabei kann es sich sowohl um tatsächliche als auch um vermeintliche Spannungen oder Widersprüche handeln. Die Situation wird subjektiv als Konflikt empfunden und es muss nicht immer eine reale Ursache vorliegen, die für Außenstehende logisch nachvollziehbar ist. Für die Betroffenen ist ein Konflikt emotional belastend und er wird grundsätzlich von Gefühlen begleitet.[7]

Konflikte haben zahlreiche Nachteile. Sie schaden dem Arbeitsklima, denn durch ihren emotionalen Aspekt führen Konflikte in den meisten Fällen zu unproduktiven Verhaltensweisen. Beispielsweise fühlt sich eine Konfliktpartei angegriffen und behindert ihre Arbeit oder auch die von anderen. Die Leistungsfähigkeit der Mitarbeiter kann aus diesem Grund abnehmen und es kann sogar zu

---

[6] Kellner: Projekte konfliktfrei führen, 1996, S. 23.
[7] Vgl. Kellner: Projekte konfliktfrei führen, 1996, S. 24.

erhöhten Fehlzeiten kommen.[8] Konflikte kosten das Unternehmen in erster Linie sehr viel Arbeitszeit und damit Geld.[9]

Andererseits können Konflikte auch Vorteile haben. Sie decken Probleme und Missstände im Unternehmen auf. Dadurch werden die Mitarbeiter angeregt Lösungen zu finden, um die Probleme bewältigen zu können. So kann eine positive Veränderung stattfinden, damit sich in der Zukunft die Kontroversen nicht wiederholen können.[10] Unternehmen sollten Konflikte daher als Chance ansehen und durch effizientes Konfliktmanagement diese Chance auch wahrnehmen.

2.2   Konfliktmanagement

Die Entstehung von Konflikten in Unternehmen kann nicht verhindert werden, denn Gegensätze sind essentielle Teile des sozialen Lebens. Diese Tatsache ist unumgänglich und Unternehmen müssen sich dies bewusst machen.[11] Ziel des Konfliktmanagements kann demnach nicht die Vermeidung von Konflikten sein. Vielmehr müssen Unternehmen lernen mit Konflikten konstruktiv umzugehen.[12] Das Konfliktmanagement setzt daher nicht bei den Quellen der Konflikte an, sondern betrachtet vor allem den Konfliktverlauf. Seine Maßnahmen sollen das Verhalten und die Einstellungen der Konfliktparteien positiv beeinflussen, um so den Konflikt durchbrechen.[13] Durch die richtige Bewältigung von Konflikten können die Nachteile, die Konflikte mit sich bringen, minimiert werden und die Vorteile gleichzeitig genutzt werden.[14]

Jeder Konflikt hat einen individuellen Charakter. Konfliktsituationen und -verläufe können nicht pauschalisiert werden, denn sie sind je nach Ort, Zeit und den beteiligten Parteien unterschiedlich. Es gibt keinen Durchschnittskonflikt und somit kann es auch kein durchschnittliches Konfliktmanagement geben.

---

[8] Vgl. Brommer: Konfliktmanagement, 1994, S. 10.
[9] Vgl. Kellner: Projekte konfliktfrei führen, 1996, S. 25.
[10] Vgl. Kellner: Projekte konfliktfrei führen, 1996, S. 25.
[11] Vgl. Glasl: Konfliktmanagement, 1997, S. 20.
[12] Vgl. Brommer: Konfliktmanagement, 1994, S. 9.
[13] Vgl. Glasl: Konfliktmanagement, 1997, S. 20.
[14] Vgl. Brommer: Konfliktmanagement, 1994, S. 9.

Konfliktmanagement ist situativ, dass heißt es passt sich immer den gegeben Bedingungen an.[15]

2.3 Möglichkeiten der Konfliktbewältigung

In der Literatur finden sich viele Möglichkeiten an die Konfliktbewältigung heranzugehen. Im Folgenden werden zwei unterschiedliche Theorien aufgegriffen und kurz vorgestellt.

2.3.1 Konfliktbewältigung nach Müller-Wolf

Die konstruktive Konfliktbewältigung nach Müller-Wolf zielt darauf ab, Konflikte bestmöglich zu bewältigen. Die Konfliktparteien sollen während des Prozesses lernen die Situation aus einer anderen Perspektive zu betrachten und konstruktiver damit umzugehen. So entstehen bei der Konfliktbewältigung weniger Probleme und es kann schneller eine Lösung gefunden werden.[16]

Dieser Ansatz ist übersichtlich in sechs Stufen gegliedert. Im ersten Schritt soll der Konflikt von den Konfliktparteien zunächst anerkannt und anschließend definiert werden. Die Ursache, die Folgen und die eigene Beteiligung müssen für alle verständlich sein, aber auch akzeptiert werden. Der zweite Schritt besteht in einem Brainstorming. Gemeinsam sollen verschiedene Strategien zur Bewältigung des Konflikts entwickelt werden. Hier sollen sich alle Konfliktparteien beteiligen und eigene Ideen einbringen, die ihren Wertvorstellungen entsprechen. Nur wenn sich jeder einbringt, kann eine Lösung gefunden werden in der sich jede Konfliktpartei wiederfindet. Im nächsten Schritt erfolgt die Evaluierung der einzelnen Alternativen. Die Beteiligten sollen über eine rein subjektive Betrachtung hinausgehen und versuchen, die verschiedenen Möglichkeiten objektiv zu bewerten. Der vierte Schritt der konstruktiven Konfliktbewältigung stellt die Entscheidung für eine Alternative dar. Zusammen wird eine optimale Vorgehensweise gefunden. Alle Konfliktparteien sollten mir der Entscheidung einverstanden sein, damit diese auch zum Erfolg führen kann. Als nächstes werden Maßnahmen entsprechend der Strategie festgelegt, mit deren Hilfe die Bewältigung

---

[15] Vgl. Krüger: Konflikthandhabung, 1972, S. 125.

[16] Vgl. Brommer: Konfliktmanagement, 1994, S. 208.

des Konfliktes erreicht werden soll. In diesem Schritt wird auch die gemeinsam entwickelte Vorgehensweise durch diese Maßnahmen umgesetzt. Der sechste und letzte Schritt der Konfliktbewältigung ist die Kontrolle der Durchführung. Hier wird überprüft, ob die gewählte Strategie letztendlich zum Erfolg geführt hat.[17]

2.3.2 Konfliktbewältigung nach Glasl

Glasl hat sich damit beschäftigt, wie die Konfliktbewältigung zeitlich gegliedert werden kann. Seiner Meinung nach gab es bis dato nur spezielle Strategien für einzelne Situationen, wie die Moderation oder Prozessbegleitung, nicht aber eine übergreifende Vorgehensweise für alle Arten von Konflikten. Er kritisierte bei den einzelnen Methoden die fehlende Vor- sowie Nachbereitung der eigentlichen Konfliktbewältigung. Untersuchungen der Praxis ergaben ebenfalls, dass die angewendete Strategie nicht in jedem Fall auf den Konflikttyp abgestimmt war. Glasl entwickelte daraufhin eine Gesamtstrategie für die Konfliktbewältigung. Diese Gesamtstrategie soll eine allgemeine Vorgehensweise für die Bewältigung von Konflikten darstellen, damit jede Konfliktsituation entsprechend ihrer Anforderungen spezifisch bearbeitet werden kann.[18]

Glasl unterteilt seine Gesamtstrategie in drei Phasen. Die erste Phase der Konfliktbewältigung ist die Orientierungsphase. Sie dient der Vorbereitung der eigentlichen Konfliktbewältigung.[19] Eine neutrale dritte Partei setzt sich zunächst mit der Konfliktsituation auseinander. Sie erfasst die Sachlage und schätzt die Konfliktparteien ein. Gleichzeitig können sich die Konfliktparteien einen Eindruck der Drittpartei machen, um diese als Unterstützung zu akzeptieren.[20] Anhand der Beobachtungen der dritten Partei kann das weitere Vorgehen geplant und die Maßnahmen zur Konfliktbewältigung festgelegt werden.[21] Die Drittpartei soll hier und auch in den folgenden beiden Phasen vor allem subsidiär tätig sein und die Selbstständigkeit und Eigenverantwortung der Konfliktparteien för-

---

[17] Vgl. Brommer: Konfliktmanagement, 1994, S. 207 f.
[18] Vgl. Glasl: Konfliktmanagement, 1997, S. 406 f.
[19] Vgl. Glasl: Konfliktmanagement, 1997, S. 407.
[20] Vgl. Glasl: Konfliktmanagement, 1997, S. 413.
[21] Vgl. Glasl: Konfliktmanagement, 1997, S. 415.

dern.[22] Die zweite Hauptphase ist die spezielle Konfliktbewältigungsphase. Hier wird die Vorgehensweise individuell und unter Beachtung der spezifischen Merkmale des Konfliktes gestaltet. Dazu stehen verschiedene Strategien der Konfliktbewältigung zur Auswahl. Jede dieser speziellen Strategien ist unterschiedlich gegliedert und verfolgt eigene Ziele.[23] Konflikte, die noch nicht so weit fortgeschritten sind, können beispielsweise mit Hilfe der Moderation oder der Vermittlung bearbeitet werden. Ist der Konflikt jedoch so festgefahren, dass diese beiden Strategien nicht zum Erfolg führen, sollte ein Schiedsverfahren oder ein Machteingriff gewählt werden. Die spezielle Konfliktbewältigungsphase kann aus einer einzigen Konfliktbewältigungsmethode bestehen oder sich aus verschiedenen Methoden zusammensetzen und sie kann jederzeit bei Bedarf angepasst werden.[24] Die letzte Phase ist die Konsolidierungsphase. Die erzielten Ergebnisse der Konfliktbewältigung sollen nun gefestigt werden. Die Drittpartei zieht sich schrittweise zurück und übergibt die Verantwortung immer mehr an die Konfliktparteien. Unter Umständen können Etappenziele vereinbart werden, um die Konsolidierung zu überwachen.[25]

2.3.3 Vergleich

Die beiden vorgestellten Theorien verfolgen zwar dasselbe Ziel, jedoch lassen sich Unterschiede bei der Vorgehensweise feststellen. Müller-Wolf liefert einen detaillierten Ablauf für die Konfliktbewältigung. Dieser ist durch sechs konkrete Schritte festgelegt. Dabei sollen verschiedene Lösungsalternativen erarbeitet werden, von denen nur eine ausgewählt wird. Die Konfliktparteien sollen außerdem selbstständig eine Lösung finden, ohne auf eine neutrale dritte Partei angewiesen zu sein. Glasl hingegen hat einen groben Ablauf entwickelt, der verschiedene Handlungsabfolgen möglich macht. Seine Vorgehensweise ist individuell gestaltbar und kann immer wieder angepasst werden, falls die erste Strategie nicht zum Erfolg führt. Er bietet den Konfliktparteien ein Portfolio verschiedener Methoden an. Außerdem wird der Prozess der Konfliktbewältigung von

---

[22] Vgl. Glasl: Konfliktmanagement, 1997, S. 407.
[23] Vgl. Glasl: Konfliktmanagement, 1997, S. 420.
[24] Vgl. Glasl: Konfliktmanagement, 1997, S. 407.
[25] Vgl. Glasl: Konfliktmanagement, 1997, S. 430.

einer Drittpartei begleitet, die einen neutralen Blick auf die Situation wirft und die Konfliktparteien unterstützt.

3 Konfliktlösung in der Praxis

Im Folgenden wird die Konfliktbewältigung in der Praxis betrachtet. Dazu wird an einem Beispiel-Unternehmen untersucht, welche Konflikte im Unternehmen auftreten und wie mit diesen Konflikten umgegangen wird.

3.1 Konflikte am Arbeitsplatz

Die theoretische Betrachtung hat ergeben, dass Konflikte unvermeidbar sind. Die Praxis bestätigt diese Hypothese. Der Betriebsrat der Unternehmung hat in regelmäßigen Abständen mit Konflikten im Unternehmen zu tun. Das können zum einen Konflikte zwischen Mitarbeiten sein, zum anderen aber auch Konflikte zwischen Führungskräften und Mitarbeitern. Konflikte zwischen Mitarbeitern können Meinungsverschiedenheiten oder Reaktionen auf unkollegiales Verhalten sein, zum Beispiel wenn das Fehlerverhalten einzelner Mitarbeiter Auswirkungen auf Kollegen hat. Konflikte zwischen Führungskräften und Mitarbeiten entstehen oft, wenn ein Mitarbeiter im eigenen Team zur Führungskraft aufsteigt. Der Betroffene hat oftmals Schwierigkeiten von seinen ehemaligen Kollegen als neue Führungskraft akzeptiert zu werden. Am häufigsten jedoch entstehen Konflikte aufgrund der jährlichen Leistungsbewertung durch die Vorgesetzten. Häufig gibt es Divergenzen zwischen Eigenwahrnehmung und Fremdwahrnehmung der eigenen Leistung.[26]

3.2 Konfliktlösung in der Unternehmung

Viele Konflikte am Arbeitsplatz können von den Betroffenen selbst gelöst werden. Die Konflikte werden als unangenehm und blockierend empfunden und die Konfliktparteien finden selbstständig eine Lösung. Wenn dies nicht gelingt, tritt

---

[26] Gespräch mit dem Betriebsrat.

der Betriebsrat als neutraler Vermittler auf und versucht die Konfliktbewältigung unterstützend zu begleiten.[27]

Der Betriebsrat der Unternehmung geht bei der Konfliktbewältigung nach keinem bestimmten Schema vor. Es gibt keinen Prozess, der die Vorgehensweise bei der Bewältigung von Konflikten vorgibt und der im Falle einer kontroversen Auseinandersetzung angewendet werden könnte. Jeder Konflikt wird individuell bearbeitet. Die Mitglieder des Betriebsrats haben langjährige Erfahrung mit dem Umgang von Konflikten. Diese Erfahrung und die Menschenkenntnis, die sie während ihrer Tätigkeit sammeln konnten, qualifizieren sie für die Konfliktbewältigung im Unternehmen.[28]

Wenn ein Konflikt nicht eigenständig gelöst werden kann, treten die Mitarbeiter an den Betriebsrat heran und bitten um Unterstützung. Zunächst muss sich der Betriebsrat ein Bild von der Konfliktsituation machen. In einem Gespräch werden alle relevanten Fakten geklärt. Der Mitarbeiter beschreibt die Sachlage und erklärt worin genau das Problem liegt. Je nachdem wie aufgebracht der Mitarbeiter ist, versucht der Betriebsrat ihn schon während des Gesprächs zu beruhigen. Wichtig ist, dass der Mitarbeiter dabei das Gefühl bekommt, dass etwas getan wird, denn so kann die Spannung des Konfliktes schon jetzt etwas gelöst werden. Nachdem der Konflikt definiert wurde, wird der nächste Schritt eingeleitet. Zunächst wird mit dem Mitarbeiter abgestimmt, ob die anderen Konfliktparteien mit in das Gespräch geholt werden sollen. Möchte der Mitarbeiter erst einmal alleine an der Konfliktbewältigung arbeiten, wird seine Entscheidung respektiert und der Betriebsrat versucht das Problem zunächst mit dem Mitarbeiter alleine zu lösen. Gegebenenfalls können Kollegen und Vorgesetzte zu einem späteren Zeitpunkt hinzu geholt werden. Im anderen Fall werden der oder die Beteiligten gebeten an dem Prozess teilzuhaben. Gemeinsam entwickelt der Betriebsrat mit allen Beteiligten verschiedene Möglichkeiten, wie der Konflikt gelöst werden kann. Je mehr Alternativen zur Auswahl stehen, desto größer ist die Wahrscheinlichkeit, dass eine Alternative dabei ist, mit der sich alle Konfliktparteien wohl fühlen. Als nächstes wird den Mitarbeitern Zeit gege-

---

[27] Gespräch mit dem Betriebsrat.
[28] Gespräch mit dem Betriebsrat.

ben, sich über die unterschiedlichen Möglichkeiten Gedanken zu machen und sich für eine zu entscheiden. Ist eine gemeinsame Entscheidung gefallen, beginnt der Betriebsrat sich aus dem Prozess zurückzuziehen. Die Mitarbeiter haben eine Strategie zur Konfliktbewältigung gewählt und müssen diese nun in eigener Verantwortung umsetzen. In besonders schwierigen Fällen geht der Betriebsrat in regelmäßigen Abständen auf die Mitarbeiter zu und kontrolliert den Fortschritt der Konfliktbewältigung. In den meisten Fällen können Konflikte in der Unternehmung auf diese Weise gelöst werden.[29]

3.3   Vergleich von Theorie und Praxis

Nach Einschätzungen des Betriebsrats der Unternehmung gibt es kein allgemeines Schema für die Konfliktbewältigung im Unternehmen. Bei einem Vergleich der Theoriemodelle und der Praxis kann nun festgestellt werden, ob dies tatsächlich zutrifft, oder ob es in der Praxis doch Parallelen zur Theorie gibt.

Ein Merkmal der Konfliktbewältigungsmethode bei der Unternehmung ist, dass der Betriebsrat als neutrale Drittpartei auftritt. Hier ist festzustellen, dass das Vorhandensein einer dritten Partei bei der Strategie von Glasl ebenfalls notwendig ist. Seine Methode ist in drei Phasen gegliedert und auch hier fallen Ähnlichkeiten zur Unternehmung auf. Glasl beginnt mit der Orientierungsphase zur Vorbereitung der Konfliktbewältigung. Das Ziel dieser Phase ist es, einen Überblick über Art und Umfang des Konfliktes zu bekommen und die beteiligten Parteien einschätzen zu können. Der Betriebsrat bei der Unternehmung geht ähnlich vor, denn in einem ersten Gespräch mit den Mitarbeiten holt er alle erforderlichen Informationen über den Konflikt ein, um als nächstes das weitere Vorgehen abstimmen zu können. Er tritt außerdem, wie Glasls Drittpartei, subsidiär auf. Glasl spezielle Konfliktbewältigungsphase stellt ein Portfolio verschiedener Strategien zur Verfügung. Hier kann je nach Bedarf das Vorgehen individuell gestaltet werden. Die Konfliktbewältigung der Unternehmung weicht hier ab. Denn hier steht genau eine Methode zur Verfügung, nicht mehrere. Der Betriebsrat entwickelt gemeinsam mit den Konfliktparteien verschiedene Lösungsalternativen. Das ist zwar bei Glasls Strategie ebenfalls möglich, jedoch

---

[29] Gespräch mit dem Betriebsrat.

gibt es noch viele andere Vorgehensweisen. Glasl macht es auch möglich zwischen den Methoden zu wechseln, falls eine nicht zum Erfolg führen sollte. Dieser Teil der Vorgehensweise bei der Unternehmung ähnelt eher der konstruktiven Konfliktbewältigung nach Müller-Wolf. Zwar sind die Konfliktparteien nicht selbstständig bei der Konfliktbewältigung, immerhin unterstützt der Betriebsrat den Prozess, jedoch gehen sie wie bei Phase zwei bis vier von Müller-Wolf vor. Die Mitarbeiter entwickeln mit Hilfe des Betriebsrates Lösungsalternativen, beurteilen sie und entscheiden sich letztendlich für eine Methode, die anschließend umgesetzt wird. Die Schlussphase der Konfliktbewältigung bei der Unternehmung ist wieder stark an die Vorgehensweise von Glasl angelehnt. Die Konfliktbewältigung nähert sich ihrem Ende und der Betriebsrat zieht sich allmählich aus dem Prozess zurück. Nur wenn es notwendig erscheint, kontrolliert er den weiteren Verlauf nach Beendigung des Konfliktes.

4   Schluss

Diese Arbeit sollte die Forschungsfrage beantworten, wie berufliche Konflikte bewältigt werden können. Die Theorie bietet viele unterschiedliche Lösungsmöglichkeiten für die Konfliktbewältigung, unter anderem die beiden Modelle von Müller-Wolf und Glasl. Auch in der Praxis, wie am Beispiel der Unternehmung gezeigt wurde, gibt es Strategien für den Umgang mit Konflikten. Bei einem Vergleich von Theorie und Praxis wurde deutlich, dass durchaus Ähnlichkeiten zwischen den theoretischen und praktischen Vorgehensweisen bestehen.

Auch wenn der Betriebsrat der Unternehmung nicht bewusst ein Schema zur Konfliktbewältigung anwendet, lassen sich jedoch starke Parallelen zu theoretischen Konfliktbewältigungsmethoden herstellen. Der Betriebsrat geht nach dem Modell von Glasl vor, allerdings wendet er in der speziellen Konfliktbewältigungsphase nur eine Methode an, anstatt das ganze Portfolio zu nutzen und je nach Bedarf aus einer von vielen Möglichkeiten zu wählen. Hier geht er immer nach der Methode der konstruktiven Konfliktbewältigung nach Müller-Wolf vor. Das scheint aber nicht von Nachteil zu sein. Denn nach Aussagen des Betriebsrats konnte bisher jeder Konflikt, bei dem der Betriebsrat als Drittpartei aufgetreten ist, bewältigt werden. Der Erfolg dieser Strategie ist darauf zurückzuführen, dass so lange Handlungsalternativen entwickelt werden, bis eine gefunden wird, die alle Konfliktparteien zufrieden stellt. Denn die Methode wird nur erfolgreich umgesetzt, wenn sie von allen akzeptiert wird.[30] Durch die gute Vor- und Nachbereitung wird der Erfolg noch unterstützt. Die Unternehmung hat auf Grundlage von Erfahrungswerten eine effiziente Strategie zur Bewältigung von beruflichen Konflikten entwickelt.

---

[30] Gespräch mit dem Betriebsrat.

Literaturverzeichnis

Brommer, Ulrike: [Konfliktmanagement, 1994]:
Konfliktmanagement statt Unternehmenskrise, Zürich 1994.

Glasl, Friedrich: [Konfliktmanagement, 1997]:
Konfliktmanagement: Ein Handbuch für Führungskräfte, Beraterinnen und Berater, 5. Auflage, Stuttgart 1997.

Kellner, Hedwig: [Projekte konfliktfrei führen, 1996]:
Projekte konfliktfrei führen, Wien 1996.

Krüger, Wilfred: [Konflikthandhabung, 1972]:
Grundlagen, Probleme und Instrumente der Konflikthandhabung in der Unternehmung, Berlin 1972.

Proksch, Stephan: [Konfliktmanagement, 2010]:
Konfliktmanagement im Unternehmen, Berlin, Heidelberg 2010.

Schwarz, Gerhard: [Konfliktmanagement, 2010]:
Konfliktmanagement, 8. Auflage, Wiesbaden 2010.